Barbier de village ou le revenant

THÉÂTRE

Du Magasin de J.-C. HUET, Éditeur,
Libraire et Marchand de Musique,

À PARIS,
RUE VIVIENNE, N.º 8.

On trouve chez le même Libraire un assortiment complet de Pièces anciennes, modernes et étrangères, et généralement tout ce qui concerne la Librairie et la Musique.

Catalogue des pièces dont J.-C. HUET est Éditeur et Propriétaire.

Allons ça va, vaud. 1 acte.	Batellier ou le vrai sans-culotte, op. 1 acte.
Amour filial (l'), op. 1 acte.	Bon fermier (le), com. 1 a.
Amis de collége (les), com. 3 a.	Bon fils (le) op. 1 acte.
Auberge isolée (l'), vaud. 1 a.	Brigand (le), com. 3 actes.

Y Th. 1718

Cinquantaine (la), op. 2 a.
Claudine, op. 1 acte.
Conjectures (les), com. 3 a.

Démétrius, trag. 5 actes.

Ecole de la bienfaisance (l'), vaud. 1 acte.
Ecolier en vacance (l'), op. 1 a.
Eliza, op. 2 actes.

Famille indigente (la), op. 1 a.
Flatteur (le), com. 5 actes.

Lise et Colin, op. 1 acte.
Lise dans les bois, com. 1 acte.
Lodoïska, op. 3 actes.

Mélise, opéra 3 actes.
Moment d'humeur (le), op. 1 a.
Méprises par ressemblance (les), op. 3 actes.
Mensonge officieux (le), c. 1 a.
Mirza, com. 3 actes.

Original (l'), com. 1 act.
Orpheline (l'), vaud. 1 acte.

Parti le plus gai (le), prov. 1 a.
Parti le plus sage (le), pro. 1 a.
Prisonnier français à Liége (le), vaud. 1 acte.

Paulin et Virginie, op. 3 act.
Petit matelot (le), op. 1 act.
Promeurs (les), com. 5 actes.
Prise de Toulon (la), op. 1 a.

Quintus Fabius, trag. 3 actes.

Ressemblance (la), com. 3 a.
Retour du mari (le), com. 1 a.
Roméo et Juliette, op. 3 act.
Rose et Aurelle, op. 1 acte.

Sabotiers (les), op. 1 acte.
Sophronisme, op. 1 acte.

Toberne, op. 2 actes.
Toute la Grèce, op. 1 acte.
Tolérant (le), com. 5 actes.

Vieux fous (les), op. 1 acte.

LE BARBIER DE VILLAGE,

OU

LE REVENANT,

OPÉRA-COMIQUE EN UN ACTE,

ET EN VERS,

Par A. GRÉTRY Neveu.

Musique de GRÉTRY.

Représenté pour la première fois sur le Théâtre de la rue Feydeau, le 17 Floréal, an 5.ème

A PARIS,

Chez HUET, Libraire, rue Vivienne, N.° 8.

An V, (1797, v. st.)

AVERTISSEMENT.

Voici ce qui donna naissance à ce petit Acte : Grétry avait fait, pour le Théâtre des Arts, la musique d'un ouvrage intitulé *La Rosière;* des circonstances impérieuses en ayant arrêté les représentations, les mélomanes en eurent le plus grand regret, croyant cette musique perdue pour leurs oreilles. Je pris aussitôt la résolution de parodier les principaux morceaux, et sur-tout le *Pater noster,* qui avoit produit tant d'effet à l'Opéra. Le succès couronna ce travail opiniâtre, et j'eus la satisfaction de réussir sous les auspices de mon oncle, et d'attacher plus solidement à sa couronne le fleuron qui n'y avait brillé qu'un instant.

PERSONNAGES.	ACTEURS.
DELORME, riche Fermier.	M. NARBONNE.
THÉODORE, son Fils.	M. JOUSSERAND.
MARCELINE, Veuve.	Mad. DESSAULLES.
JUSTINE, sa Fille.	M.elle ROLANDO.
JOLICOEUR, Dragon.	M. LE BRUN.
ROUFIGNAC, Barbier.	M. JULLIETTE.

CHOEUR DE VIEILLES.

CHOEUR DE JEUNES FILLES.

(*Le Théâtre représente une grange à deux portes, meublée de quelques bancs et de plusieurs instrumens aratoires*).

LE BARBIER DE VILLAGE,
OU
LE REVENANT.

SCÈNE PREMIÈRE.
MARCELINE, PLUSIEURS VIEILLES.

MARCELINE.

Voila donc nos mesures prises :
Le secret, que nous garderons,
Fait seul les bonnes entreprises ;
Et pour cela, nous choisirons
Nos voisines d'un certain âge,
Qui pourront voir avec courage
Ce qu'ici, tantôt, nous verrons.

UNE VIEILLE.

Ce sera donc bien effroyable ?

UNE AUTRE.

Oui, puisque nous verrons le diable.

MARCELINE.

De tels propos sont insultans ;
Ce diable, c'est ma sœur, qui me fut toujours chère.

UNE VIEILLE.

Quoi ! la religieuse ? oh ! l'étonnant mystère !

MARCELINE.

Elle veut bien de tems en tems
M'apparaître quelques instans.
J'ai toujours dit qu'il fallait croire
Aux fantômes, aux revenans ;
Allez, allez, plus d'une histoire
Prouve qu'ils ont tous du bon-sens.

UNE VIEILLE.

Vous a-t-elle souvent adressé la parole ?

MARCELINE.

De sa mort quelquefois sa bouche me console ;
Vous en jugerez aujourd'hui.
Elle m'a dit, la nuit passée :
« Ma sœur, je vous crois fort sensée,
» Et pour mériter mon appui,
» Je vous charge du soin d'amener dans la grange
» Celle que vous croirez avoir assez de cœur
» Pour m'entendre sans trouble et me voir sans frayeur.
» Je vous semble peut-être étrange :
» Quoique morte, ma chère sœur,
» J'aime beaucoup la compagnie,
» Et je tiens encor à la vie. »

CHANT.

PREMIER COUPLET.

MARCELINE.

Croyez ce que je vous en dis ;
J'ai de l'expérience ;
Les revenans et les esprits
Ont la toute-puissance.

Pour vous montrer qu'il faut
Suivre leurs lois secrètes,
S'ils voulaient, d'un seul mot,
Ils vous rendraient muettes.

LES VIEILLES.

Préservez-nous d'un tel malheur;
Nous jurons de bon cœur,
Pour mieux vous satisfaire,
Obéissance entière
Aux volontés de votre sœur;
Pour fixer sans ombrage
Son funèbre visage,
Nous aurons du courage.

DEUXIÈME COUPLET.

MARCELINE.

Il est tems de nous retirer;
Sur-tout de la prudence !
Que rien ne puisse transpirer
De notre intelligence.
Quoique femmes, prouvons
Que, dans plus d'une affaire,
Aisément nous pouvons
Parvenir à nous taire.

LES VIEILLES.

Nous vous garderons le secret;
Vous en verrez l'effet :
Votre sœur nous fut chère;
D'un zèle aussi sincère
Votre cœur sera satisfait.
Pour fixer, sans ombrage,
Son funèbre visage,
Nous aurons du courage.

(*Marceline et les Vieilles se retirent, en répétant ce dernier refrein. Elles sortent par une porte, tandis que Delorme et Théodore, son fils, entrent par l'autre, après les avoir vues et les avoir laissé sortir.*)

SCÈNE II.

DELORME, THÉODORE.

DELORME.

C'est de ton désespoir que tu vas me parler ?
Mais que diable, après tout, pourquoi te désoler ?

THÉODORE.

Vous savez bien, mon père, avant que Marceline
Eût d'un refus cruel affligé mon amour,
    Que déjà nous touchions au jour
    Qui devait m'unir à Justine ;
  J'allais être heureux sans retour....

DELORME.

Que veux-tu ? Marceline aura fait quelque songe ;
Elle est un peu crédule, et loin qu'il se prolonge,
Son caprice bientôt, crois-moi, lui passera.

THÉODORE.

Un autre événement m'afflige davantage ;
Et le riche fermier, voisin de l'hermitage,
    Qui pour Justine soupira,
    Mais à qui l'on me préféra,
    Aujourd'hui met tout en usage
Pour voir si son amour enfin réussira.

DELORME.

    Ouida ! le plaisant personnage !
    Monsieur veut faire le rusé.

THÉODORE.

    Le maraud ne perd point courage,
    Pour avoir été refusé.

DELORME.

Eh bien, n'importe ; je parie
Que le drôle y perdra ses pas :
La petite est pour nous ; et ne savons-nous pas
Qu'une fille toujours, quand on la contrarie,
Trouve plus d'un moyen pour sortir d'embarras ?

THÉODORE.

J'ose compter bien davantage
Sur Jolicœur notre parent,
Que le hasard semble vraiment
Avoir conduit dans le village
Pour nous aider en ce moment.
Il est fin, courageux, alerte,
Il nous aime, et je suis certain
Qu'il est sorti dès le matin,
Pour aller à la découverte.

DELORME.

Nous sommes les plus forts avec un tel appui :
Un dragon ! va, tu peux te reposer sur lui.

THÉODORE.

AIR.

Conçois-tu bien, mon père,
L'excès de mon bonheur,
Si le destin prospère
Couronne mon ardeur ?
Quand la vertu sourit aux vœux de la tendresse,
Lorsqu'elle embellit la beauté,
Ne doit-on pas jouir sans cesse
D'une douce félicité ?

SCÈNE III.

DELORME, THÉODORE, JOLICOEUR.

JOLICOEUR.

Victoire, mes amis, victoire !
Je viens de me couvrir de gloire.

DELORME.

Paix donc, Jolicœur : tu sais bien
Que la chambre de Marceline,
Qui de notre grange est voisine,
Pourrait trahir notre entretien.

JOLICOEUR.

Ma foi, lorsque je viens d'apprendre
Quelque chose d'assez heureux,
J'aime fort à me faire entendre
Pour rendre les autres joyeux.
Mes bons amis, sachez tous deux
Que je tiens le fil de l'intrigue.

THÉODORE.

C'est toi qui combleras mes vœux ;
Mais tu prends bien de la fatigue.

JOLICOEUR.

J'oblige, et ne puis être las.

THÉODORE.

Ah ! que ne te devrais-je pas !

JOLICOEUR.

Rien du tout, mon cher Théodore :
Pour toi je voudrais faire encore

Bien plus que je ne fais, vraiment.
Quand je reviens du régiment,
Ne me donnez-vous pas un gîte?

DELORME.

Que nous t'offrons tout bonnement.

JOLICOEUR.

Et que j'accepte tout de suite :
Vous voyez bien qu'assurément
Envers vous je ne suis pas quitte.

THÉODORE.

Mais comment ton zèle a-t-il fait
Pour produire un si prompt effet?

JOLICOEUR.

Apprens que le fermier dont la vive tendresse
Déplut à Marceline ainsi qu'à ta maîtresse,
Furieux de les voir couronner ton ardeur,
A seul, depuis ce tems, retardé ton bonheur.

THÉODORE.

Le coquin!......

JOLICOEUR.

Doucement ! un peu de patience ;
Les amans gâtent tout par trop de pétulence :
Je tiens les détails d'un valet
Assez nigaud, fort indiscret,
Dont ton rival eut l'imprudence
De se servir dans son projet.
Tu connais ce Barbier qui veut faire l'habile,
Quoiqu'il ne soit qu'un imbécille?

DELORME.

Tu veux parler de Roufignac?

JOLICOEUR.

Justement ; c'est lui seul qui fait tout le micmac.
  Encouragé par l'espérance
  D'une assez forte récompense ;
  Depuis le moment où ton cœur
  Perdit l'espoir d'être à Justine,
  Il profite de la frayeur
  Que montra toujours Marceline.
  Il va faire le revenant
  Chaque nuit dans sa cheminée,
  Jetant des pierres, et criant
  Qu'un jour elle serait damnée,
  Si sa fille avec son amant
  Subissaient les loix d'hyménée.

THÉODORE.

Je n'y tiens plus ; avant la fin de la journée.....

JOLICOEUR.

Doucement, doucement ! je te l'ai déjà dit ;
S'il n'avait eu besoin que d'une bastonnade,
  J'aurais bien pu, sans contredit,
  Lui donner cette sérénade.
  Non, j'ai couru prier ce prétendu lutin
  De vouloir bien venir me raser ce matin :
  « Où logez-vous, monsu, dé grace ? »
  M'a-t-il demandé poliment.
  —Je loge ici près, sur la place,
  Et chez Delorme, mon parent.
  —Sandis ! jé lé connais, vraiment ;
  » C'est une excellente pratique ;
  » Jé vais lé raser très-souvent ;
  » Ténez, c'est sa perruque antique
  » Qui sert d'enseigne à ma boutique ;

» Jé m'y rendrai certainément. »
J'attends ce faiseur de merveilles ;
Il faut qu'il remplisse nos vœux,
Qu'il nous serve, s'il n'aime mieux
Nous abandonner ses oreilles.

TRIO.

DELORME.

Craignons peu ses efforts, ils seront impuissans.

JOLICOEUR.

Pour nous les revenans
Ne sont point effrayans.

DELORME.

Couvrons notre projet des ombres du mystère.

JOLICOEUR.

Sachons l'exécuter, réussir, et nous taire.

TOUS TROIS.

Il en est tems, il en est tems ;
Trompons les désirs insolens
D'un rival insensé qui ne cherche qu'à nuire ;
Vainement contre nous son audace conspire ;
Rien ne réussit aux méchans.

DELORME.

Mon fils, te voir heureux sera ma récompense,

JOLICOEUR.

J'irais pour toi jusqu'aux enfers.

DELORME.

De combler tes désirs nous avons l'espérance.

JOLICOEUR.

Nous formerons des nœuds si chers.

TOUS TROIS.

Contre l'hypocrisie,
Contre la perfidie,

De nous unir jurons tous trois :
L'amour et la nature,
Pour punir l'imposture,
Vont faire triompher leurs droits.

SCÈNE IV.

LES MÊMES, JUSTINE.

JUSTINE (*accourant.*)

C'est moi ; silence, je vous prie.

THÉODORE.

Quoi ! te voilà, ma bonne amie ?

JUSTINE.

Pour venir vous trouver je m'échappe un instant.

JOLICOEUR.

Je suis l'humble valet de la charmante enfant.

JUSTINE.

Jolicœur, je vous remercie.

JOLICOEUR.

Toujours fraîche, toujours jolie ;
Mais vos yeux marquent de l'effroi.

JUSTINE.

Et vous allez savoir pourquoi.
Ceci va vous paraître un étonnant mystère.
Sachez que cette nuit, par ordre de ma mère,
Dans sa chambre, près d'elle, il m'a fallu veiller.
J'allais, malgré ses soins, me mettre à sommeiller,
Lorsque certaine voix qui se fit bien entendre,
Nous dit ce peu de mots que j'ai peine à comprendre :

« Pour Justine, apprens qu'aujourd'hui
» J'ai fait choix d'un riche parti ;
» Je t'apparaîtrai dans la grange,
» Et quoique mon choix te dérange,
» Tremble, je veux qu'il soit suivi.

DELORME (*bas à Jolicœur.*)

C'est notre revenant.

JOLICOEUR (*bas à Théodore.*)

C'est notre homme.

THÉODORE.

C'est lui.

JUSTINE.

A I R.

Tout, malgré moi, vient causer mes alarmes ;
Tout dans mon cœur fait naître les soupirs.
L'amour doit-il nous arracher des larmes,
Puisque lui seul nous promet des plaisirs ?
Pour me livrer à la douce espérance
D'un avenir favorable à nos feux,
Lorsque j'essaye à calmer ma souffrance,
Je sens bientôt que, contraire à mes vœux.....
Tout, malgré moi, vient causer mes alarmes,
Tout dans mon cœur fait naître les soupirs.
L'amour doit-il nous arracher des larmes,
Puisque lui seul nous promet des plaisirs ?

Faut-il donc que mon mariage
Occupe des esprits méchans ?
On le sait, je n'ai que seize ans ;
Ce n'est pas encore à mon âge
Qu'on a recours aux revenans.

JOLICOEUR (*bas à Théodore.*)

Quelle naïveté ! d'honneur, elle est charmante.
Quel trésor, mon ami, qu'une femme innocente !

JUSTINE.

Vous ne pouvez donc pas dissiper mon effroi ?

DELORME (*riant.*)

Que veux-tu, mon enfant ? nous tremblons comme toi.

JOLICOEUR.

Allez, allez, prenez courage ;
Vous avez l'appui de mon bras ;
Je veux vous sortir d'embarras,
Et finir votre mariage.

DELORME.

Nous allons concerter, et Jolicœur et moi,
Un projet....

JOLICOEUR.

Qui fera parler de nous, ma foi.

COUPLETS.

DELORME.

Ma chère enfant, tu peux garder tes larmes
Et ta frayeur pour un autre besoin ;
Car le démon qui cause tes alarmes
Assurément ne revient pas de loin.

JOLICOEUR.

Ma belle enfant, que dans votre ménage
L'amour fixé de l'hymen prenne soin ;
L'époux content après le mariage
Peut se vanter qu'il en revient de loin.

DELORME et JOLICOEUR.

De vous unir conservez l'espérance ;
Reposez-vous tous deux sur notre soin.
Pour soutenir les droits de l'innocence,
Nous ne pourrons jamais aller trop loin.

(*Ils sortent.*)

SCÈNE V.

SCÈNE V.
JUSTINE, THÉODORE.
JUSTINE.

Vous avez un air de mystère,
Tous les trois, qui me déplaît fort.

THÉODORE.

Bientôt tu sauras tout, ma chere ;
Quant à présent, je dois me taire......
Enfin nous travaillons à régler notre sort.

JUSTINE.

Je crains bien que ma mère, obstinée et crédule,
Toujours de nous unir ne se fasse un scrupule.
Son démon lui fait peur ; elle en perd le bon-sens
Mais d'où vient que pour nous il est si ridicule ?
N'aurais-tu jamais dit du mal des revenans ?

THÉODORE.

Va, va, rassure-toi, Justine ;
L'amour seul fait nos liens :
Tes moindres désirs sont les miens ;
Ce qui t'afflige me chagrine ;
Tes secrets sentimens, mon ame les devine ;
A chaque instant du jour mes yeux cherchent les tiens.
Ah ! lorsqu'à l'intérêt on ne rend point hommage,
Qu'on ressent l'un pour l'autre une constante ardeur,
La paix devient bientôt le partage du cœur ;
Le bonheur et l'amour se plaisent au village.

DUO.
JUSTINE.

Oui, tu sais calmer ma douleur,
O douce espérance !

B

Flatteuse assurance !
Oui, tu sais calmer ma douleur :
Tu viens de me rendre au bonheur.

ENSEMBLE.

Pour nos deux cœurs l'amour n'a que des charmes ;
Il nous sourit, il flatte nos désirs.
S'il causait toujours nos alarmes,
Serait-il le dieu des plaisirs ?

(*On appelle*).

JUSTINE.

Marceline m'appelle ;
Il faut nous séparer.

THÉODORE.

O contrainte cruelle !

JUSTINE.

Je ne puis différer.

(*Justine sort en courant ; Théodore la suit par la même porte.*)

SCÈNE VI.

ROUFIGNAC (*seul.*)

(*Il entr'ouvre la porte, et n'entre qu'après avoir examiné.*)

Personne ! bon, jé puis entrer ;
Jé crains toujours dé rencontrer
Lé fils de cé monsieur Delorme ;
Qué dis-je, moi, jé crains ? eh non, c'est pour la forme.
N'importe, j'ai raison, c'est un mauvais plaisant ;
Et dé mon naturel, moi, jé suis très-prudent.
  Quand jé mé trouhe à son passage,
  L'insolent mé rit au bisage,

Mé tourne lé dos, et paraît
Sé douter dé cé qué j'ai fait
Pour empêcher son mariage.
C'est donc ici qué mon pouboir
Va couronner ce grand oubrage.
Jamais en bain jé né m'engage,
Et tout sera fini cé soir.
Pour porter lé grand coup, il fallait apparaître;
C'était dé mes trabaux lé principal objet.
Après avoir cherché dans bingt caves, peut-être,
J'ai bu que cet endroit servait seul mon projet.
Sandis! en fait de diavle, on peut mé passer maître.
Pour faire parler les esprits,
Vive les gens dé mon pays!
Cépendant, cé dragon, qué, pratique noubelle,
Ici jé viens raser, mé trouvle la serbelle;
On dit qu'il n'a ni foi ni loi;
On dit qu'il m'a promis.... à moi!....
Eh donc, Roufignac, qu'est-ce à dire?
Tu recebrais.... Bon! tu veux rire;
Va, va, mon cher, rassure-toi;
Il aura su dans lé billage
Que tu n'aimes pas lé tapage;
Mais gare à monsû le gribois;
Car si jé tremvle quelquefois,
C'est qué jé tremvle.... du carnage
Que pourrait causer mon courage.

CHANSON.

Par pitié pour lé genre humain,
Jé tiens ma valur enchaînée:
Rarément je mets mon épée,
Pour né pas être un assassin.

Elle est si longue, elle est si belle,
Chacun viendrait,
L'admirerait,
Et la vue en serait mortelle.

Aux comvats jé mé suis dressé,
Et sans avoir l'ame alarmée,
J'enfoncérais toute une armée,
Au risqué dé mé voir vlessé.
Mais, qué dis-je ? ô peiné cruelle !
J'ai lé malheur
D'être tout cœur ;
Ma vlessure serait mortelle.

SCÈNE VII.

ROUFIGNAC, JOLICOEUR.

JOLICOEUR (*à part.*)

Voila mon coquin de Barbier :
Voyons qui de nous deux sait le mieux son métier.
(*Il arrive doucement par-derrière, et lui frappant rudement sur l'épaule :*)
Bonjour, monsieur de la Garonne.

ROUFIGNAC (*effrayé.*)

Ah !.... jé suis botre serbitur.

JOLICOEUR.

Votre santé me paraît bonne ;
Elle m'intéresse, d'honneur.

ROUFIGNAC.

Jé vous suis ovligé d'un sentiment si tendre.

JOLICŒUR.

Je suis un importun, car je viens vous surprendre.

ROUFIGNAC (*encore plus effrayé.*)

Surprendre ! moi.... Non, jé bénais
Pour vous raser, et jé craignais,
Monsu, dé mé trop faire attendre.

JOLICŒUR.

Oui, vous vous piquez en tous tems
De remplir vos engagemens.

ROUFIGNAC (*à part.*)

Comment diavle ! qué veut-il dire ?
(*Haut.*) Moi, jé suis dé ces vonnes gens
Qu'à bolonté l'on peut conduire.

JOLICŒUR.

Quand la récompense est au bout.

ROUFIGNAC (*à part.*)

Cadédis ! le maraud sait tout.
(*Haut.*) Monsu, jé suis un honnête homme.

JOLICŒUR.

Qu'on gagne avec certaine somme.

ROUFIGNAC (*à part.*)

Ah ! jé tremvle; jé suis perdu.

JOLICŒUR (*à part.*)

Le drôle est resté confondu.
(*Haut.*) Vous voyez, mon ami, que je sais m'y connaître;
Mais de tous les barbiers gascons,
Si vous êtes la perle, apprenez, mon cher maître,
Que, moi, je le suis des dragons.

LE BARBIER

ARIETTE.

Je mets toute ma gloire
A respecter l'honneur;
Lui seul me rend vainqueur :
Peut-on voler à la victoire,
Quand le reproche est dans le cœur ?
   Loyauté, franchise,
   Amour des combats,
   Voilà la devise
   Des braves soldats.

Je hais l'imposteur et le traître,
Je vous soupçonne un peu de l'être,
Et vous pourriez bien, en ce cas,
Mon cher ami, sauter le pas,
Soyez-en sûr, n'en doutez pas.
   Je mets toute ma gloire
   A respecter l'honneur;
   Lui seul me rend vainqueur.
Peut-on voler à la victoire,
Quand le reproche est dans le cœur ?

ROUFIGNAC.

Ah, ma foi, jé perds patience;
Monsu, savez-vous bien enfin
Qué votre air railleur et vadin
Tient un peu de l'impertinence ?

JOLICOEUR.

Si mons Roufignac s'en offense,
C'est qu'il est......

ROUFIGNAC.

   Quoi donc ?

JOLICOEUR.

      Un coquin.

ROUFIGNAC.

Croyez......

JOLICOEUR.

Un maraud.

ROUFIGNAC.

Paix, silence.

JOLICOEUR.

Un pendart.

ROUFIGNAC.

Ah, Monsu! pardon.

JOLICOEUR.

Plein de malice et d'impudence.

ROUFIGNAC.

Hélas! vous avez bien raison.

JOLICOEUR.

Et que je veux ce soir corriger d'importance.

ROUFIGNAC.

Dites-lé donc plus bas, si votre ame lé pense.

JOLICOEUR.

Si vous daignez le trouver bon,
Ce sera toujours ma manière :
C'est en effrayant un fripon
Qu'on dévoile son caractère.

ROUFIGNAC (*faisant le brave.*)

Il faut donc vous désavuser ?
Finissez un tel badinage ;
Jé suis bénu pour vous raser,
Et non pas pour qué l'on m'outrage.

JOLICOEUR (*à part.*)

Me raser! faudra-t-il lui prêter mon visage ?

Bientôt avec son fils Delorme paraîtra ;
S'il ne me rase pas, le drôle s'en ira,
Et de notre projet nous perdrons l'avantage.
(*Haut.*) Allons, pour finir au plutôt,
    Avez-vous là tout ce qu'il faut ?

ROUFIGNAC.

Jé suis lé seul varvier du bourg et du billage,
Ainsi toujours sur moi jé porte mon vagage ;
Tenez, mettez-vous là ; j'aurai fini bientôt.
(*Il arrange sa trousse et commence à le raser.*)

JOLICOEUR.

    Morbleu ! prends garde à ma moustache.

ROUFIGNAC.

    N'ayez pas pur ; soyez certain
    Qué jé vous la rendrai sans tache.
(*Pendant le dialogue suivant, Roufignac tient
Jolicœur renversé sur sa chaise, et lui passe à
plusieurs reprises le rasoir sous le menton.*)
Vous dites donc, monsu, qué je suis un coquin ?

JOLICOEUR.

Certainement.

ROUFIGNAC.

    Dé plus, on dit dans lé billage
Qué vous m'avez, tantôt, menacé du vêton ;
Et vous-même, en ces lieux, parlant à mon bisage,
Né m'avez-vous pas dit que j'étais un fripon ?

JOLICOEUR.

Sans doute ; je ne puis le taire.

ROUFIGNAC.

    Cprdécions, si jé savais . . . .

JOLICOEUR.

Qu'oses-tu dire, téméraire?

ROUFIGNAC.

Qué tous ces discours fussent brais....

SCÈNE VIII.

JOLICOEUR, ROUFIGNAC, DELORME
THÉODORE.

(Delorme et Théodore, armés de bâtons, arrivent sur la pointe du pied, et saisissent brusquement Roufignac par les deux oreilles. Jolicœur se lève, et la serviette encore sous le menton, tire son sabre, dont il menace le Barbier, qui, surpris de cette attaque imprévue, laisse tomber le rasoir de ses mains, et tombe lui-même à genoux.)

THÉODORE.

Ah, coquin!

JOLICOEUR.

Misérable!

DELORME.

Il faut que tu confesses
Le coupable motif de toutes tes bassesses.

THÉODORE.

Ne pense pas à nous tromper.

DELORME.

Ne cherche pas à t'échapper.

JOLICOEUR.

Vite, instruis-nous de tes prouesses.

ROUFIGNAC.

Messieurs, de grace, calmez-vous;
Jé vous en conjure à génoux.

JOLICOEUR.

Dis-nous la vérité.

ROUFIGNAC.

Mais comment vous la dire ?

DELORME.

Pour retenir nos bras, cela seul peut suffire.

ROUFIGNAC.

Remettez votre sabre, écartez ces bâtons,
Et dé tout jé vais vous instruire.

JOLICOEUR.

Allons, parle; nous t'écoutons.

ROUFIGNAC (*se relevant fièrement.*)

Ceci passe la raillerie.
Messieurs, jé né sais pas pourquoi
Vous vous moquez ainsi dé moi.

THÉODORE.

Double traître !

DELORME.

Ah, fripon !

ROUFIGNAC (*retombant à genoux.*)

Pardonnez, jé vous prie;
Jé vais tout avouer; l'honneur m'en fait la loi,
Car j'ai trop peu d'effronterie.

JOLICOEUR.

Répondras-tu sans fourberie ?

ROUFIGNAC.

Soyez sûrs dé ma bonne-foi.

THÉODORE.

Tu fais tous tes efforts pour m'enlever Justine.

ROUFIGNAC.

Avec franchise, j'en conviens.

DELORME.

Tu vas toutes les nuits effrayer Marceline.

ROUFIGNAC.

C'est un de mes petits moyens.

THÉODORE.

Dès long-tems mon rival a reçu ta promesse.

ROUFIGNAC.

Il est si généreux, si von !

DELORME.

Tu devais aujourd'hui couronner sa tendresse.

ROUFIGNAC.

Oui ; c'est un tour dé ma façon.

JOLICOEUR.

Et que te donne-t-il pour agir de la sorte ?

ROUFIGNAC.

Demain, j'allais palper une somme assez forte ;
Cent écus.

JOLICOEUR.

Le pauvre garçon !

ROUFIGNAC.

Et qué, sans nulle répugnance,
J'envoyais par la diligence,
Ou la première occasion,
A certaine aimable varonne,
Qui jadis, en sage personne,
Pour son époux m'avait choisi,
Et jé la consolais ainsi
Dé cé qué mon cœur l'avandonne.

THÉODORE.

Un tel envoi devient douteux.

ROUFIGNAC.

Hélas ! tout s'oppose à mes bœux.

JOLICOEUR.

Allons, aux pieds de Marceline
Il faut conduire ce coquin.

THÉODORE.

Non, non, mes amis ; j'imagine
Un moyen qui sera plus doux et plus certain.
Tu dois, pour cent écus, en faisant le lutin,
Eclairer dans son choix la mère de Justine ;
Si tu veux me nommer au lieu de mon rival,
Je te les donne, moi.

ROUFIGNAC.

Mais lé poids est égal,
Et vous mé jetez dans un trouvle....

DELORME.

Je t'en donne deux cents.

ROUFIGNAC.

Mais cela fait le double.....

JOLICOEUR.

Ou bien deux cents coups de bâton.

ROUFIGNAC.

Il né faut pas d'autre raison ;
Cent écus ou deux cents, le choix est bien facile ;
Jé suis à vous , soyez tranquile ;
Jé vous engage ici ma foi
Qué l'on peut se fier à moi.
Les Dieux qué la favlé nous donne ,
Jurent tous par le Styx, et moi par la Garonne.

DELORME.

C'est donc en ces lieux que tantôt
Tu fais le revenant ?

ROUFIGNAC.

Oh ! c'est en quoi jé vrille !
Et vous allez lé voir vientôt.

JOLICOEUR.

As-tu fait tes apprèts ?

ROUFIGNAC.

J'ai tout cé qu'il mé faut
Là-dessous.....

JOLICOEUR.

Là-dessous ?

ROUFIGNAC.

C'est là qué jé m'haville.

Daignez mé suivre; allons, soyons pour la bertu;
Jé répare mes torts, et jé n'ai rien perdu,
Puisqué, par cé moyen, jé touche double somme.
Jé sens qué j'étais né pour être un honnête homme.

SCÈNE IX.

THÉODORE (seul.)

ARIETTE.

Tendre objet que mon cœur chérit plus que le jour,
  Enfin, je conçois l'espérance
De voir les plus doux nœuds couronner notre amour;
Nous allons être unis, et l'hymen sans retour,
Comblera de ses dons notre égale constance.

On vient de ce côté; c'est Marceline..... Allons
Rejoindre là-dessous nos zélés compagnons.

SCÈNE X.

MARCELINE, JUSTINE, PLUSIEURS VIEILLES
ET JEUNES FILLES.

(*Les Vieilles, en entrant, se serrent par effroi les
unes contre les autres.*)

MARCELINE.

Suivez-moi, suivez-moi; mais, je vous en supplie,
Du silence, sur-tout; c'est-là l'essentiel.

LES VIEILLES (*en tremblant.*)

Nous vous le promettons.

MARCELINE.

Je vous en remercie.
Mais vous tremblez, je crois? Pour moi, je certifie
Que je ne tremble pas, et j'en rends grace au ciel.

JUSTINE.

Ma mère crut toujours à la sorcellerie;
Mais moi, j'aurais bien pu, n'en déplaise aux esprits,
Me passer d'écouter ce que l'on m'eût appris.

MARCELINE.

Il vous sied bien d'être peureuse,
Quand votre tante ne revient
Des lieux où la mort la retient,
Que pour vous rendre plus heureuse!

JUSTINE.

Puisse-t-elle combler mes vœux !

MARCELINE.

Elle va paraître à nos yeux ;
Je vais voir cette sœur que j'aime....

(*On entend un grand bruit de chaînes, et les Vieilles se rapprochent encore davantage les unes des autres. Elles se cachent toutes le visage avec leurs mouchoirs.*)

JUSTINE.

Je tremble.....

MARCELINE.

Je croyais mon cœur plus courageux.

LE BARBIER

UNE VIEILLE.

Je ne sens plus le mien.

UNE AUTRE.

Ma frayeur est extrême.

UNE AUTRE.

Mon bon ange, sur moi veillez du haut des cieux.

MARCELINE.

Pour que tout aille bien, peut-être
Faudrait-il fermer la fenêtre ;
J'avais oublié que l'esprit,
Cette nuit, me l'avait prescrit.

(*Elles vont toutes lentement fermer la fenêtre, et aussitôt l'obscurité règne dans la grange.*)

UNE VIEILLE.

Mon Dieu, comme il fait noir !

MARCELINE.

Malgré moi, je chancèle.

JUSTINE.

Ma mère, à votre tour, la frayeur vous saisit.

MARCELINE.

Qui, moi ? vous vous trompez, petite perronnelle.

(*Ici on entend plusieurs coups de pétards, et un grand bruit de chaînes. Les Vieilles tombent à terre, en jetant de grands cris.*)

SCÈNE XI.

SCÈNE XI.

LES MÊMES, ROUFIGNAC.

Roufignac *(en-dessous, et prenant la voix de femme).*

 Chère sœur ! mon cœur est content
De ta parfaite obéissance.
Je n'avais voulu seulement
Qu'éprouver ta condescendance ;
Et tu peux conclure à présent
L'hymen qui faisait l'espérance
De Justine et de son amant.
Pour enchaîner leur destinée,
Je ne te donne qu'un instant,
Si tu ne veux être damnée.
Tu vas me voir ; relève-toi,
Et vous toutes, regardez-moi.

(Les Vieilles se relèvent à moitié, Roufignac paraît ; il est vêtu en religieuse, et tient une torche allumée et un poignard.)

Si Théodore de Justine
Manquait à faire le bonheur,
Je suivrais par-tout le trompeur ;
Sois-en certaine, Marceline.
Cette torche, ce fer vengeur
Feraient le tourment de son ame ;
On peut m'en croire, je suis femme !
Je vous quitte, et retourne au ténébreux manoir ;
Je n'en reviendrai plus ; Dieu vous garde, bonsoir.
    (Il disparaît.)

SCÈNE XII.

MARCELINE, JUSTINE, LES VIEILLES.

CHOEUR.

Je suis en transe;
Ah, quelle peur!
Quelle souffrance!
Hélas! seigneur,
Vous qui lisez dans notre cœur,
Calmez, calmez notre frayeur;
Nous implorons votre assistance,
Et vous, puissant Saint Nicolas,
Venez, nous vous tendons les bras;
Soyez sûr que vous n'aurez pas
Tranquillisé des cœurs ingrats.
Nous vous promettons un gros cierge;
Il sera fait de cire vierge.
    Vous qui dans tous les cas,
    Nous tirez d'embarras;
Vous qui possédiez tant d'appas,
    Sainte Magdeleine,
            Hélas!
Vous voyez notre peine,
            Hélas!

MARCELINE.

Ma peur est sans bornes.

CHOEUR.

Quel fantôme affreux!

MARCELINE.

Avait-il des cornes?

CHOEUR.

Il en avait deux.

MARCELINE.

A-t-on vu ses yeux ?

CHOEUR.

Ils étaient en feux.

MARCELINE.

Sortait-il d'un gouffre ?

CHOEUR.

Du gouffre d'enfer.

MARCELINE.

Sentait-il le soufre ?

CHOEUR.

Comme un Lucifer.

MARCELINE.

Traînait-il des chaînes ?

CHOEUR.

Tout autour de lui.

MARCELINE.

Des torches aussi ?

CHOEUR.

Oui, oui, par douzaine.

MARCELINE.

Il se tenait là.

CHŒUR.

Long comme une lieue.

MARCELINE.

J'ai cru voir sa queue.

ENSEMBLE.

Ah! c'en est fait, mon cœur s'en va ;
Disons notre *meâ culpâ*.

SCÈNE XIII ET DERNIÈRE.

LES MÊMES, JOLICŒUR, DELORME, THÉODORE, ROUFIGNAC.

(*Les femmes sont restées à genoux, et les quatre hommes arrivent par-derrière, après avoir ouvert la fenêtre.*)

DELORME.

Que faites-vous donc là ?

(*Les femmes se lèvent toutes avec surprise.*)

MARCELINE.

Comment, tous quatre ensemble !
Le ciel bien à propos, sans doute, nous rassemble.

THÉODORE.

Que dites-vous ?

ROUFIGNAC (*à part.*)

Cela prendra.

DE VILLAGE.

DELORME.

Nous venons savoir, Marceline ;
Si, pour mon fils et pour Justine,
Votre ame enfin s'attendrira.

JOLICOEUR.

De deux cœurs formés l'un pour l'autre,
Ferez-vous toujours le tourment ?

MARCELINE.

Non, non, Dieu m'en garde, vraiment ;
Mon intérêt devient le vôtre ;
Mariez-vous, et promptement.

THÉODORE.

Quoi ! vous ne mettez plus d'obstacle. . . .

MARCELINE.

Sois tranquille, mon cher garçon.

ROUFIGNAC (*à part.*)

Quoiqué femme, elle entend raison ;
Nous pouvons crier au miracle.

MARCELINE.

Mes bons amis, ayez grand soin
Que tout soit fait dans la journée.

DELORME.

Demain, pourtant, n'est pas bien loin.

MARCELINE (*s'oubliant, et avec effroi.*)

Vous voulez donc me voir damnée ?. . . .

LE BARBIER

THÉODORE.

Vous serez contente de nous.

MARCELINE.

Justine, embrassez votre époux.

JOLICOEUR (*bas à Roufignac.*)

Toi, Barbier, compte sur ta somme.

ROUFIGNAC (*à part.*)

Sandis! jé suis un havile homme.

VAUDEVILLE.

JOLICOEUR.

Je voudrais fixer mon séjour
Au sein de votre heureux ménage,
Mais l'honneur presse mon retour;
Je quitte dans peu ce village;
La paix vous rendra Jolicœur;
Elle n'est pas bien loin, je gage;
C'est alors, doublant de courage,
Que je veux à l'agitateur
Faire autant de mal que de peur.

ROUFIGNAC.

Jé suis varvier, mes chers amis,
Mais cé n'est pas mon plus veau titre;
En tous lieux jé mé trouve admis;
Chacun mé choisit pour arvitre;
On mé connaît pour la valeur;
Jé fais souvent lé diavle à quatre;
Mais, hélas! quand jé dois mé vattre,
Jé suis si doux, j'ai si von cœur,
Qu'on en est quitté pour la peur.

JUSTINE (*au public.*)

Faire parler un Revenant
N'est pas une fable fort neuve.

l'Auteur gasconne apparemment;
Il vient d'en donner une preuve.
Votre suffrage est si flatteur,
Qu'il tremble pour son imprudence;
Mais que du moins votre indulgence
Lui fasse dire : Ah! quel bonheur!
M'en voilà quitte pour la peur.

FIN.

www.ingramcontent.com/pod-product-compliance
Lightning Source LLC
Chambersburg PA
CBHW060512050426
42451CB00009B/954